मैं ही घर, मैं ही रास्ता

मेरे होने की ताक़त और तन्हाई का सच

Leenat Jabbar

BookLeaf Publishing
India | USA | UK

Made with ❤ on the BookLeaf Publishing Platform
www.bookleafpub.in
www.bookleafpub.com

Dedication

यह पुस्तक समर्पित है –

- **अल्लाह तआला को**, जिसने मुझे हिम्मत, सब्र और हौसला अता किया, और जिनकी रहमत से मैं इस मुक़ाम तक पहुँची कि अपने जज़्बात को शब्दों में ढाल सकूँ।
- अपनी प्यारी बेटी *एज़्मा* को, जो मेरी रूह की ताज़गी और मेरी सबसे बड़ी प्रेरणा है।
- हर उस स्त्री को, जो संघर्षों के बावजूद अपने भीतर घर भी बसाती है और रास्ता भी तलाशती है।

Preface

यह पुस्तक *“मैं ही घर, मैं ही रास्ता..”* मेरी उसी यात्रा का परिणाम है। इसमें हर कविता कभी एक स्त्री की पीड़ा है, कभी माँ का दुलार, कभी बेटी का स्वप्न है, तो कभी प्रेम और रिश्तों की गहरी परतें। इन पंक्तियों में आपको मेरा जीवन, मेरे संघर्ष, मेरी हँसी और मेरे आँसू सब मिलेंगे। आशा है कि पाठक इन कविताओं में अपना अक्स देख पाएँगे और कहीं-न-कहीं इन्हें अपने जीवन से जोड़ सकेंगे।

Acknowledgements

इस पुस्तक की रचना अकेले संभव नहीं थी।
मैं हृदय से आभारी हूँ –

- उन अनुभवों की, जिन्होंने मुझे लिखने की प्रेरणा दी।
- अपने परिवार और मित्रों की, जिन्होंने हर परिस्थिति में मेरा संबल बनकर मेरा साथ दिया।
- विशेष रूप से अपनी बेटी *एज़्मा* की, जिसकी मासूमियत, दृढ़ता और संवेदनशीलता मेरी सबसे बड़ी प्रेरणा है।
- साथ ही उन सभी पाठकों का आभार जिनकी आँखें और दिल मेरी कविताओं को पूर्णता देंगे।

2. *****सब के सामने*****

बे-ख़बर चुना था उसे, ना थी ख़बर अंजाम की
मजबूर भी किया था और रुसवा भी किया सब के सामने |

मगर हँसते मुस्कुराते, सहते रहे हर एक सितम
पलते पेट में जो बीज था, उसे सजाते रहे सब के सामने |

सब ने दिलाए दिलासे कि फूल देख कर वो सँवर जाएगा
क्या ख़बर थी हमें कि फूल के लिए भी वो नासूर बन जाएगा सब के सामने |

झूठ फ़रेब की बुनियाद पे था ये रिश्ता सारा खड़ा
जो टूटा तो एक नहीं, कई ज़िंदगियाँ ले गया सब के सामने |

ना थी शर्म उसे, ना पछतावा कभी हुआ
हम ले चले अपना फूल, कह दिया सब के सामने |

अल्लाह से कुछ भी छुपा न था, ना कभी छुप सकेगा
उसकी लाठी में आवाज़ नहीं, ये सच है सब के सामन |

हमारी लगे न लगे, मगर फूल की बद-दुआ लगेगी

ये फ़ैसला लिखा जा चुका है, और रहेगा सब के सामने |

2. *****हकीरतर *****

हाज़ों कशमकश में जब पुकारा ख़ुदा ने मुझे,
पूछा—किस तरह लूँ मैं इम्तिहान तेरे जुनूँ का तुझे।

“मैंने अर्ज़ किया—ख़ुदा, तू रहमत की नज़र कर दे,
दार-ए-यार की ख़ाक बनने का सफ़र अता कर दे।”

अगर यक़ीन के सफ़र पर ईमान मेरा कामिल हुआ,
तो रहमत की बरकत होगी, इनायत मिले मुझे।

और अगर वफ़ा मेरी अधूरी, कमज़ोर निकली,
तो दोज़ख़ की आंच भी धूल-सा बना दे मुझे।

इश्क़ की कसौटी पर जो उतर आया मेरा जुनूँ,
तो क़ायनात गवाह होगी उस फ़ना की दुआ को।

“लीनत” कहती है—इम्तिहान-ए-इश्क़ मुश्किल ही सही,
मगर करम हो तो फ़ना भी सलाम लगे मुझे।

“लीनत” कहती है—इम्तिहान-ए-इश्क़ मुश्किल ही सही,
मगर करम हो तो फ़ना भी इनाम लगे मुझे।

3. ***मेरा बेटा (एक माँ का शोकगीत)***

रोते हुए जो सुख गए मेरे आँसू,
पर **सब्र नहीं** आया इस दिल में...
सब कहे चले "सलाम!" करके तुझे,
तू न आया, मुझे ही सलाम करने...

क्या थी गरज इतनी? **दूर जाने की?**
के भूल गया मुझे तू **पीछे...**
क्यों आया तू वो **तीजे रंग** में लिपट के?
के अब दिल नहीं करता उसे देख के...
फ़ख़्र करूँ या शिकवा?

जब रखा तीजे रंग को **झोली मेरी**,
बोले: "बहादुर, तू बेटा मेरा!"
सब चले गए, थोड़ा सा मन रख के,
मैं ही ढूँढूँ तुझे **हर बक्से में...**
"कहाँ है बेटा मेरा..."

शिकायत करूँ तो **किससे?**
मैं तो **माँ हूँ...**

रो लूँगी, मगर जोड़ न पाओगे दिल मेरा!

वो तो **मस्त दीवाना** था,
अपने **वतन पे मरने वाला** था!
जंग करो कहने वालो,
पहले देख लेना चेहरा मेरा...

(विनम्र पर दृढ़)
विनती है सबसे इस माँ की -
चलाओ देश को **उतने ही जज़्बात से**,
जिस तरह लड़ा **बेटा मेरा...**

करो औरतों की **इज़्ज़त**, बुजुर्गों का **ख़याल**,
के जब देखे ऊपर से, **मुस्कुरा दे**
अपने वतन पे... **बेटा मेरा।**

4. **रात का सृजन-शोक**

ओस-कण सा जो पल चमका था,
सूरज की गोद में घुल गया।
अधूरी चाहतें लिए, असमय,
मेरा प्रिय क्षण ढल गया...

अब रात आती है सिसकती हुई,
हथेलियों में जल बुनती है।
पर छलकता है प्रश्न यह कटु -
"क्या खोजूँ बीती ओस को मैं?
या नयी बूँदें गढ़ती जाऊँ?
हर साँस में जल, हर पल में विछोह?"

सुबह होते ही फूट पड़ता,
यह अदृश्य विदाई-गीतः
"जिसे सजाया, उसे खो दूँ,
फिर नयी पीर से रचूँ प्रीत..."
रात का यह नियति है विधाता -
सृजे, भूल जाए, फिर सृजे!

यही उसका शाप है, यही पूजा,

सृजेगी, खोएगी, फिर सृजेगी...

5. ****फूल सा चेहरा (इश्क़ का तराना)****

फूल-सा चेहरा, छू लिया जिसने दिल के राज़,
हर अदा में महक उठा इश्क़ का साज़।

आँखें शहद-सी मीठी, होंठ गुलाब की पंखुड़ी,
जहाँ ठहरी नज़र, वहीँ लिख गई मोहब्बत की नई कड़ी।

इतराती चाल में बसा है जादू का आलम,
हर क़दम पर बिखरता है नूर-ए-करम।

दिल के आँगन में उसकी यादों का बाग़ खिला,
मोहब्बत के गुल अब हर मौसम में महका।

मासूम अदाएँ, नज़ाकत भरी बातें,
शरारत के रंग, मुस्कान की सौग़ातें।

कभी शोख़ी का जादू, कभी हँसी की छाया,
हर अदा लगे जैसे साक़ी का पैमाना लहराया।

मेरी मदहोशी, समझ न पाएगा कोई जहाँ में,

इश्क़ किया नहीं, फिर भी दीवाना हूँ बेपनाह में।

अगर परवाना न हुआ मैं इश्क़ के सफ़र में,
तो सारी मिसालें रह जाएँगी झूठी असर में।

6. *****वह आया तूफ़ान बनकर*****

वह आया तूफ़ान बनकर,
मोह-लीला, आग सा ज्वाला!
पर इस झुलसती छाँव में,
कामी का था जाल बिछाना।

उसने उसे प्यार कहा,
था वो तो एक पिंजरा बना!
आवाज़ थी फैसला उसका,
ख़ामोशी थी गुस्से की लपट!

हर मुस्कुराहट पर हक़ जताया,
हर सपना उसे छीन कर खाया।
कमजोर हुई मेरी ताकत,
मिट्टी गई मेरी चावी।

फिर भी वही थी, टूटी हुई,
क्योंकि वो कहता, "सुन तुझे मेरी बात है,
तुझको तो बस, मुझी ही मानना है,
तेरा जीवन मेरा, ये तुझे जानना है!"

लेकिन वही खड़ा, एक और काया,
जिसने उसे पला-बढ़ाया,
जो था वह पिता, जिसने उसमे
विश्वास का बीज बोया था।

उसने जब देखा, बेटी का दर्द गहरा,
उसके चेहरे पर लिखा मायूस हुआ,
एक बेटी जो मुरझा रही थी,
प्यार के नकली आंचल में।

न उसे डाँटा, न उसे रोका,
दिखाया उसे आसान सा रास्ता,
सच्चे प्यार की परख क्या होती,
अपनी पत्नी के साथ ज़िंदगी क्या होती।

कोमल हाथों से संभाला पत्नी को,
नर्मी से उसे हर दिन सवारा।
हर कदम पर, हर पल, हर बात पे,
अपनी बेटी को ये सिखायाः
"सच्चा प्यार वही जो तुम्हें संभाले,
टूटने न दे, सदा तुम्हें सँवारे।"

काँपी, सवाली, पर मन मान गई,
प्यार दया का होता है, जान गई,
जहर जो अच्छाई का लिबास पहने,
वो प्यार ही नहीं, ये समझ गई।

और फिर उसने चुना, नया रास्ता,
शुरू में मुश्किल और अधिक था,
पिता की वो सीख, वो उदाहरण,
उसने अंदर हिम्मत का दिया जलाया।

क्योंकि किसी आदमी की खातिर,
कभी न अपने को तोड़ो।
पिता के प्यार ने दिखाया,
सच्चा सुख कहाँ है छोड़ो।

7. *****चाँदी रेत*****

चाँद की धूल पे तिरंगा लहराया,
हल्के कदमों से सपना सजाया।
तारों के बीच मैंने घर खोज लिया,
सूना था ब्रह्मांड, पर आज एक मित्र मिल गया।

सोचा – ले चलूँ चाँद की रेत,
माँ को दूँ वह अनमोल भेंट।
जिसे रोकती थी दुनिया हमेशा,
आज वही बेटी ले आई है भेंट ताज़ा।

वादा था माँ से – चाँद मैं लाऊँगी,
उसके चेहरे पे हँसी सजाऊँगी।
गर्व सजेगा उसके माथे पे ऐसा,
जैसे दीप जले अँधियारे में वैसा।

पर माँ मुस्कुराकर बस इतना ही बोली–
"आ जा बेटी, खाना तैयार है, मेरी लाडो।"

टूट गया जादू, खुल गया राज़,
कार्डबोर्ड का आसमाँ, कागज़ का साज़।

पर सच्चा जादू है माँ का प्यार,
जो देगा साथ हर बार, हर बार।

बेटी जाएगी चाँद पे रखने हाथ,
सपनों की राह पर बढ़ेगी हर रात।
माँ के आशीष की छाँव तले,
हर बेटी का सपना पूरा हो चले।

8. *****दुआ करती हूँ,*****

पाँच हज़ार मील का फ़ासला है, मगर सहारा तो है,
तेरी हर साँस में मेरा नाम लिखा, इशारा तो है।

वीडियो पे तेरी हँसी, बेतुकी सही, पर दिलकश,
नज़र लगे न तुझ पे कहीं, दुआओं का गुज़ारा तो है।

तेरे दिल में ईमान की रौशनी, यक़ीन-ए-ख़ुदा,
तेरी हर राह पे कामयाबी लिखी, दुबारा तो है।

तेरे हाथ का हर जुगनू जगमगाए, **दुआ करती हूँ,**
तेरे क़दमों के लिए बहारों का सजीला नज़ारा तो है।

ज़िंदगी के कैनवस पे न भरे कोई रंग सिवा मेरे,
तेरे ख़्वाबों की तस्वीर में मेरा ही उजियारा तो है।

हर इम्तहान में हो तू कामयाब, सितारे तेरे हमराह हों,
तेरी मंज़िल रोशन हो, तेरे आसमाँ में सितारा तो है।

हर दर्द के बाद सुकूँ का साया उतर ही आता है,
तूफ़ान के बाद ही तो नदियों में धार आती तो है।

उलझनों के जंगल में भी इक राह निकल ही आती है,
जहाँ दिल से दुआ उठे, वहीं पे बहार आती तो है।

तेरी मंज़िल दूर सही, मगर सितारे राह दिखाएँगे,
हर गिरते क़दम को सँभालने को रहमतें उतार आयेंगे।

तेरे हाथों से हर जुगनू जगमगाए रोशनी बनकर,
मेरी दुआओं की ख़ुशबू तुझे बार-बार चमकाती तो है।

9. ****हिम्मत****

हिम्मत होती तो पहाड़ से टकरा जाते, अपने रास्ते खुद ही बन जाते।

हर एक की अपनी एक दास्ताँ है, ज़िंदगी सब के बस की तो नहीं है।

मुझ पे ही उम्मीदों का बोझ डाल कर, हर मोड़ पे राहें क्यों पूछते हो?

मेरी तक़दीर के फैसले करने वालो! तुम मेरी ज़िंदगी क्या सवारोगे?

वो मंज़िल जिस दिन मेरी आख़िरी हो गी, क्या ख़ुदा से वापस ले के आओगे?

अपना ज़ेह्न ओ नज़र बदलो गे तुम, तो समझ आओगे तुम ये फैसला-ए-इल्म।

तुम्हारे बाद भी ये चलती रहे गी दुनिया, किसी और के नाम की होगी चर्चा।

तो सुनो और करो फ़क़त वही काम, जिसे तुम्हारा दिल दे दे पुकार।

अगर सब एक से होते, ए हमसफ़र, तो न होता हर चेहरा इतना बे-करार।

हर सोज़ में छुपा है उसकी आवाज़, जो गया जिसने समझा, वोह पाया ख़ुदा का राज।

10. ******छाँव से उड़ान तक******

पत्ते ने हवा से कहा–
"मैं पेड़ की शाख से बहुत कुछ सीखा,
मगर छाँव में रहते हुए
ज़िंदगी के कई रंग नहीं देख पाया।

अब तू ले चल मुझे–
क्योंकि उड़ने के बाद ही
मैं किसी की किताब में दबकर
याद बन सकता हूँ।

कभी वो याद किसी प्रेमी के ख़त में
मोहब्बत की निशानी बन जाएगी।
कभी किसी बच्चे की कॉपी में
ख़्वाबों का पन्ना बन जाएगी।

और जब मैं तेरे संग उड़ूँगा–
तो हर शहर, हर गली, हर चेहरे को देखूँगा,
वो राज़ जानूँगा
जो पेड़ की छाँव में रहकर

कभी नहीं जान सकता था।

गिरना मेरी नियति है—
पर गिरकर खोना नहीं,
बल्कि यादों और मोहब्बत में
हमेशा के लिए ज़िंदा रहना है।”

11. *****दुआ और तस्बीह*****

हज़ार मील का फ़ासला है, मगर सहारा तो है,
वो दूर रह के भी दिल में मेरे, इशारा तो है।

हँसी अजीब-सी बातें अजीब, मगर दिलकश,
दुआओं में उसे ढँक लिया है, गुज़ारा तो है।

वफ़ा से रोशन है उसका दिल, यक़ीन-ए-ख़ुदा,
उसे ज़रूर मिलेगी मंज़िल, इशारा तो है।

हर जुगनू उस के हाथों से चमक उठे जैसे,
मैं दुआ करती हूँ उस पे करम, नज़ारा तो है।

ज़िंदगी के सफ़े पे न कोई रंग सिवा मेरे,
उसके ख़्वाबों में मेरा ही उजियारा तो है।

हर इम्तहान में वो सरख़ुरू निकले दामन-ए-गुल,
सितारे राह दिखाएँ उसे, सहारा तो है।

12. *****तू खुला है, तभी मैं आज़ाद हूँ*****

पंछी ने आसमान से कहा– "तू खुला है, तभी मैं आज़ाद हूँ।
तेरा कोई कोना नहीं है, तभी तो मेरा परिंदा दिल शाद हूँ।"

कभी उड़ के सितारों को चूम आऊं, कभी बादलों का आँचल छू आऊं।
तेरी बेपनाही का एहसास है, नहीं तो यह ज़िंदगी में क्या पाऊं?
वो कैद में रहकर भी करते हैं गुज़ारा, जिन्हें खुले विस्तार का इल्म नहीं।
मैं तेरी रहमत पर नाज़ करता हूँ, मेरा कोई अपना घरौंदा नहीं।
तूफ़ान भी आएं तो डरता नहीं हूँ, मैं तेरे सीने पे भरोसा कर लूं।
गिर जाऊं तो तू सहारा देता है, बस इतना सा अंदाज़ा कर लूं।
हर सुबह नए रंग बदलता है तू, शाम को सोने सा जब हो जाता है।
मेरा गीत भी तेरे रंग में रंगा, जब चुप्पी तेरी छा जाती है।
"लीनत" इस जहाँ का सबसे बड़ा वक्त, ये आसमान का फैलाव ही सही।
जिसे तू ने आज़ाद बनाया है, वही तेरी इबादत करता है।

13. *****एक अधूरा ख़त*****

स्याही के नरम धारे काग़ज़ पर बह गए,
हर लफ़्ज़ इक इज़हार, हर जुमला इक दुआ बन गए।
मोहब्बत का रंग भर दिया हर पन्नों में,
मगर वो पढ़ने वाला कभी सामने न आया।

काग़ज़ मोड़ कर, उम्मीद से मोहर लगाई गई,
जेब के कोने में चुपके से छुपाई गई।
दिल की आहों का बोझ उस ख़त में छुपा था,
पर ज़ुबान से कहना मुमकिन न था।

सालों का सफ़र गुज़रता रहा आहिस्ता-आहिस्ता,
स्याही धुँधली होती गई, यादें साबित रहीं वही।
वो ख़त जिसने सफ़र कभी शुरू ही न किया,
उस दिल में सदा दास्ताँ बन कर जीता रहा।

हर शाम एक सवाल बन कर उभरती है,
काश वो ख़त उस तक पहुँच जाता तो क्या होता?
"लीनत" यह सवाल अब भी दिल को चुभता है,
वही ख़ामोशी, जो सालों से दिल को खाए जाती है।

काग़ज़ भूल भी जाए तो क्या हुआ,
दिल ने तो उस राज़ को कभी नहीं भुलाया।
ख़त जो कभी न गया, वो इश्क़ की मिसाल है,
जो छुपकर भी, हमेशा ज़िंदा रहता है।

14. *****आसमान के साये में*****

सितारे चमक रहे थे, आसमान के साये में,
हम दोनों चल रहे थे, समंदर के साये में।

लहरों ने पाँव चूमे, ख़ामोश आवाज़ों के साथ,
मोहब्बत मुस्कुराई, आसमान के साये में।

तेरी निगाह में छुपा था, सालों का खो गया दर्द,
वो सारी रातें रोईं, आसमान के साये में।

समंदर गवाह बना है, हर राज़ के ख़ामोश पल,
क़यामत भी बिखरी लगती, आसमान के साये में।

मैं गिर के उठ भी गया, तू था मेरा हमराज़,
सहारा मिलता रहा था, आसमान के साये में।

"लीनत" का गीत रंग गया, चाँदनी की ख़ामोशी में,
वो लिख रही है दास्तान, आसमान के साये में।

15. *****तितली और आईना*****

नज़ारा-ए-ख़ुशी है तितली को फूलों पे मँडलाते देखना,
पर हैरानी ये है—अपने ही जिस्म-ए-नाज़ुक पे क्यों नहीं फ़िदा है?

उड़ती है जो हवा के संग-संग, रंगों की ज़ंजीर लिए,
पर आईना-ए-आब में झाँकने से अब भी क्यों डरती है?

क्या इसके परवाज़ों में छुपा है कोई दर्द-ए-निहाँ भी,
जो अपने ही नक़्श-ए-कदम पर यक़ीन नहीं कर पाती है?

हर फूल का इकरार-ए-मोहब्बत इसे बेइंतहा कबूल है,
मगर ख़ुद की मुकम्मल हूबहू से अब तक ये अनजान है।

नाज़ुक है, पर रूह में आसमान-सी गहराई रखती है,
फिर भी अपनी ही नेमत पे नाज़ करना इसे गुनाह लगता है।

दीपक की लौ पे अपनी जान लुटा देती है,
जैसे इंसान भी इश्क़ में अक्सर ख़ुद को भुला देता है।

बारिश के बाद जब इन्द्रधनुष सजता है,
अपनी ही परछाईं में खोकर भी झूम उठती है।

इंसान भी तो यही मिज़ाज-ए-ग़म अपने अंदर पाले हुए हैं,
टूटे हुए हैं, पर अपनी हसीं रूह से बेख़बर ही रहते हैं।

मुट्ठी भर उम्र है, मगर हर पल को ताज बना लेती है,
जैसे अधूरे दिल भी छोटी-सी मोहब्बत पे खुश हो जाते हैं।

फूलों की दुनिया भी धोखा करती है कभी-कभी,
पर तितली हर ज़हर को भी ख़ुशबू समझकर पी जाती है।

रंग बदलते हैं, वक़्त बदलता है, मंज़िल भी बदल जाती है,
मगर तितली की परवाज़ हर बार नया गीत सुनाती है।

"लीनत" कहती है—ये रहस्य-ए-ज़िंदगी कभी हल न होगा,
हम आईने के सामने भी अपनी ही तस्वीर से मुँह मोड़ लेते हैं।

16. *****जुगनुओं की रौशनी*****

जब पागल-सी उड़ान में थीं जुगनुओं की परछाइयाँ,
झील के ऊपर झूमते हुए क़दमों की आहटें थीं।
पर चाँद की नन्ही कली जब उभरने लगी आसमान में,
सारा शोर थम गया, और ख़ामोशी उतर आई।

जुगनुओं ने अपनी रौशनी समेट ली,
मानो किसी दुआ का असर हो गया हो।
आधी रात की हवा में बस एक ठंडी ख़ुशबू थी,
और हर शाख चुप होकर चाँद का सजदा कर रही थी।

ये कैसा जादू है–
कि सितारों के मेले में भी सब कुछ ठहर जाता है,
जब एक हिलती-डुलती कली-सा क़मर
अपनी चाँदी का आँचल फैला देता है।

"लीनत" कहती है–
कभी-कभी ज़िंदगी भी यूँ ही ठहर जाती है,
जब दिल की बेक़रारियाँ
एक चुप्पी की शफ़्फ़ाफ़ रौशनी से
सुकून पा लेती हैं।

17. ****मोहब्बत का क़िस्सा*****

बाँस झुक जाए, मर भी जाए, पर गाँठें बाक़ी रहती हैं,
फूल झर जाए, टूट भी जाए, पर ख़ुशबू बाक़ी रहती है।

ज़िंदगी का ये सच है, जिस्म मिट्टी में मिल जाता है,
मगर मोहब्बत का असर दिल में सदा बाक़ी रहता है।

जो हाथ छूट भी जाएं, यादें पीछा करती रहती हैं,
हर आँसू की गिरती बूँद में तस्वीर बाक़ी रहती है।

वक़्त रेत-सा बह जाए, रिश्ते टूट भी जाएं,
पर कोई सच्चा लम्हा हमेशा निशान बाक़ी रखता है।

जैसे हवा में भीगकर मिट्टी की ख़ुशबू आती है,
वैसे ही बिछड़कर भी चाहत की दुआ बाक़ी रहती है।

नदी बह जाती है समंदर में, मगर तट पर गीली रेत,
पगचिन्हों की अनकही कहानी सदा बाक़ी रखती है।

सूरज ढल जाता है, पर शाम का सुनहरा आभा-रंग,
आँखों में एक मोहक छवि की तरह बाक़ी रहता है।

पंछी उड़ जाते हैं आसमानों में दूर कहीं,
पर शाखों पर उनकी चहचहाहट की गूँज बाक़ी रहती है।

कहती है “लीनत” – मिट जाना तो तक़दीर का हिस्सा है,
पर चाहत में जीए लम्हे सदा रहते हैं – यही मोहब्बत का क़िस्सा है।

18. *****तुम चाँद बनो, मैं तारा बनूँ*****

तुम चाँद बनो, मैं तारा बनूँ,
रात-दर-रात यूँ ही जगमगाते रहें।
तेरी चाँदनी में मेरी चमक बढ़े,
मेरी रोशनी में तू और निखरे।

अँधेरी रातों में साथ-साथ चलें,
आकाश के मोती बन कर खिलें।
जब भी घिर आएँ दुख के बादल,
एक-दूजे का हाथ थामे रहें।

तेरे बिना अधूरा है वह आसमान,
मेरे बिना तू भी है अधूरा।
पर साथ-साथ हम जुड़े हैं ऐसे,
जैसे फूल और उसकी महक प्यारी।

तारे टूटते हैं, यह सिलसिला है पुराना,
पर हमारा नाता है कोई अलग कहाना।
तेरे होने से मैं हूँ, मेरे होने से तू,
यही रिश्ते की सच्ची अमन की ख़ान है।

कहती है "लीनत", बस यही अरमान रहे,
साथ-साथ चलें, साथ-साथ जलें।
रात-दर-रात यूँ ही जगमगाते रहें,
तुम चाँद बनो, मैं तारा बनूँ।

19. *****वक़्त बहा ले गया*****

जो साथ में खेले, जो साथ में लड़े थे,
आज वही कहीं दूर, ख़ामोश खड़े हैं।
मेरा था तेरा, तेरा था मेरा,
अब मिलन के लिए भी सहारे गड़े हैं।

पतंगों की कटती हुई तानें नहीं हैं,
छतों पर गूंजती वो शानें नहीं हैं।
अब आसमान ख़ाली है, सूना है सारा,
वो बचपन की हँसी के निशानें नहीं हैं।

गर्मियों की दोपहरी, आम के साये,
हम सबकी खिलखिलाहट के वो काफ़िले।
अब पेड़ तो खड़े हैं मगर चुपचाप,
हवा कह रही है—वो दिन कहाँ मिले?

मोहल्ले की चौपाल, वो मेले, वो वाज़,
जहाँ हर दिल एक साथ धड़कता था।
अब उसी जगह हम अकेले खड़े हैं,
जहाँ ज़माना हँसी में डूबता था।

वो गलियाँ, वो त्योहार अब ढूँढते हैं,
जिन्हें देख कर दिल महकता था।
मेरे यार से थी तो दुनिया रोशन,
अब वो यार नहीं—तो सब ढह गया।

कहती है "लीनत"—वक़्त बहा ले गया,
पर यादें वही हैं जो दिल में बसी हैं।
मिलन की तमन्ना वही बाकी है,
ये गीत उन्हीं गलियों की कहानी है।

20. *****मैं हूँ तेरे साथ हमेशा*****

जब कोई तुझपे भरोसा न करे,
तू अपने आप पे रखे यक़ीन।
छोटी-सी बात पे मत घबराना,
हर कश्ती का सफ़र है आसान।

थोड़ा सब्र भी कर लेना कभी,
रुकना भी सीख ले ज़रा।
झूठ से हमेशा रहना दूर,
सच का दामन पकड़े सदा।

सपने रोज़ देखना आँखें मूँद कर,
पर उनके पीछे भागना।
सोच-समझ कर हर क़दम बढ़ाना,
ग़लत फ़ैसलों से खुद को बचाना।

कामयाबी मिले या न मिले तुझे,
दोनों को हँसकर अपनाना।
चेहरे पे मुस्कुराहट सजाना हर पल,
दिल में उम्मीद का दिया जलाना।

ख़ुदा तो सब कुछ देख रहा है,
वो तुझको कभी न सताना।
वो कभी तुझे अकेला न छोड़ेगा,
थामे रहना उस ख़ुदा पे यक़ीन।

वो हर खुशी और ग़म में खड़ी रहूँगी,
दिल और रूह से भी तेरा साथ दूँगी।
मेहनत से मत डरना ऐ बेटी,
वही तुझे हर मोड़ पर राह दिखाएगी।

जब लगे तुझे बिल्कुल अकेली,
मेरा नाम याद कर लेना।
मैं हूँ तेरे साथ हमेशा,
तेरी हर खुशी में हँस लेना।

"एज़्मा मेरी जान" ये कहना,
ज़िंदगी है तेरी बहुत हसीं।
बस हँसते रहना हर पल बेटी,
दुनिया की परवाह न करना कहीं।

21. *****आईना नहीं था*****

तेरे बारे में जब सोचा नहीं था,
मैं तन्हा था मगर इतना नहीं था।

तेरी तस्वीर से करता था बातें,
क्योंकि कमरे में कोई आईना नहीं था।

तेरी खुशबू भी लहरों में महसूस होती थी,
पर हाथों में थामने को बहाना नहीं था।

तेरी आहट को हवाओं से तलाशा,
सन्नाटे में तेरा अफ़साना नहीं था।

तेरी यादों से ही साँसें जी लेता,
दिल में तेरे सिवा कोई सपना नहीं था।

तेरी ख़ामोशी भी उस वक़्त सुकून देती थी,
क्योंकि दिल को तड़पाने का कोई शिकवा नहीं था।

मेरी आँखों में थे अश्क़ तेरे नाम के,
मगर होठों पे कोई तराना नहीं था।

वो जमाना ही कुछ और था तेरे बग़ैर,
हर ग़म था मगर इतना गहरा नहीं था।

अब तो तस्वीर भी है, आईना भी है,
पर वो सुकून-ए-दिल का ख़ज़ाना नहीं था।

उस तन्हाई में भी रौनक़ थी,
जब तेरे ख़्वाबों के सिवा कुछ और नहीं था।

www.ingramcontent.com/pod-product-compliance
Lightning Source LLC
LaVergne TN
LVHW022030200926
848481LV00007B/2632
9798898656423